Impressum
Verlag: BABADADA GmbH, Nedderfeld 112 , 22529 Hamburg
Geschäftsführer / Verlagsleitung: Harald Hof
Druck: Books on Demand GmbH, In de Tarpen 42, 22848 Norderstedt

Imprint
Publisher: BABADADA GmbH, Nedderfeld 112 , 22529 Hamburg, Germany
Managing Director / Publishing direction: Harald Hof
Print: Books on Demand GmbH, In de Tarpen 42, 22848 Norderstedt, Germany

школа
School

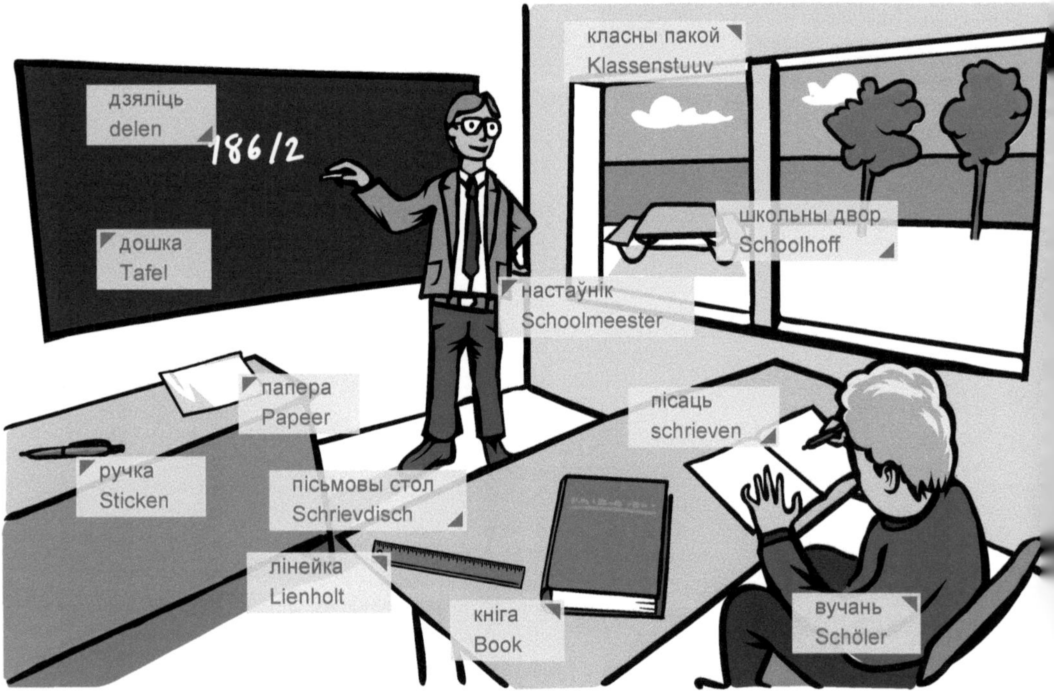
класны пакой
Klassenstuuv
дзяліць
delen
186/2
дошка
Tafel
школьны двор
Schoolhoff
настаўнік
Schoolmeester
папера
Papeer
пісаць
schrieven
ручка
Sticken
пісьмовы стол
Schrievdisch
лінейка
Lienholt
кніга
Book
вучань
Schöler

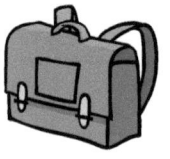

ранец
Ranzel

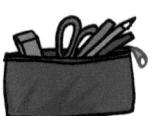

пенал
Feddermapp

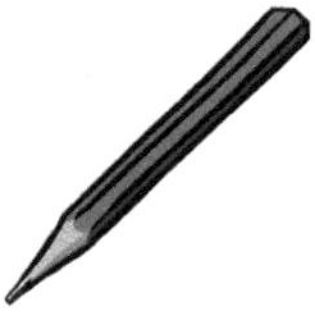

просты аловак
Bleesticken

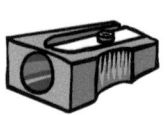

тачылка для алоўкаў
Scharpmaker

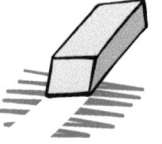

гумка
Radeergummi

альбом для малявання
Tekenblock

малюнак
Teken

пэндзлік
Pinsel

фарбы
Malkassen

нажніцы
Scheer

клей
Klever

сшытак
Heft to'n Öven

хатняе заданне
Huusopgaav

12

лік
Tall

2+2

дадаваць
tohooptellen

5-2

адымаць
aftrecken

2×2

множыць
malnehmen

лічыць
reken

A

літара
Bookstaav

ABCDEFG HIJKLMN OPQRSTU VWXYZ

алфавіт
ABC

hello

слова
Woort

тэкст

Text

чытаць

lesen

крэйда

Kried

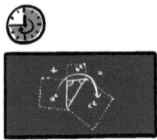

ўрок

Stunn

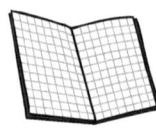

класны журнал

Klassenbook

экзамен

Pröven

атэстат

Tüügnis

школьная форма

Schooluniform

адукацыя

Utbillen

энцыклапедыя

Nakieksel

універсітэт

Universität

мікраскоп

Mikroskop

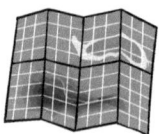

карта

Koort

смеццевы кошык

Papeerkorf

падарожжа
Törn

Grand
гатэль
Hotel
хостэл
Harbarg
ROOMS
абменны пункт
Wesselstuuv
чамадан
Kuffer
аўтамабіль
Auto

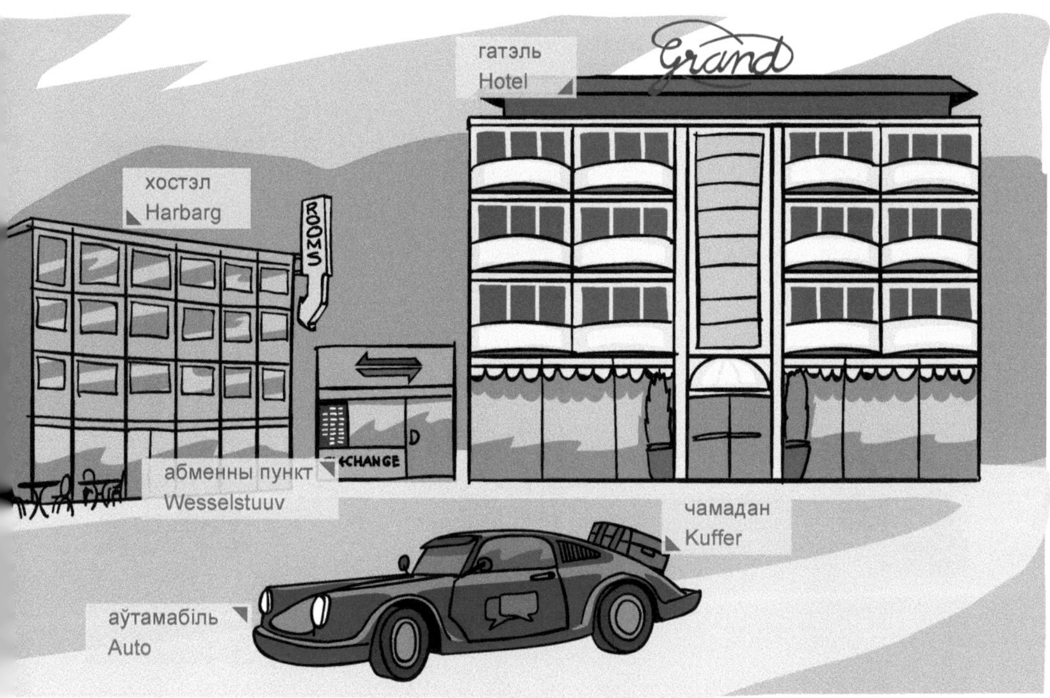

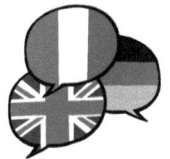

мова
Spraak

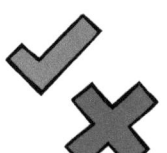

так / не
jo / ne

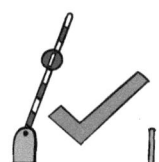

добра
Jo

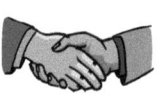

прывітанне!
Moin

перакладчык
Översetter

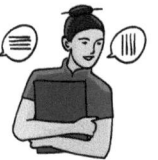

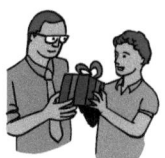

дзякуй
Dank ok

Колькі каштуе....?

Wat kost...?

я не разумею

Ik verstah nich

праблема

Problem

Добры вечар!

Goden Avend

Добрай раніцы!

Moin!

Дабранач!

Gode Nacht!

да пабачэння

Tschüüs

кірунак

Richt

багаж

Bagaasch

сумка

Tasch

заплечнік

Rüchsack

госць

Gast

пакой

Stuuv

спальны мяшок

Slaapsack

палатка

Telt

нфармацыя для турыстаў

Touristeninformatschoon

пляж

Strand

крэдытная картка

Kreditkoort

снеданне

Fröhstück

абед

Meddageten

вячэра

Avendeten

праязны білет

Fohrkort

ліфт

Fohrstohl

паштовая марка

Breefmark

мяжа

Grenz

мытня

Toll

пасольства

Bottschop

віза

Visum

пашпарт

Pass

транспарт
Transport

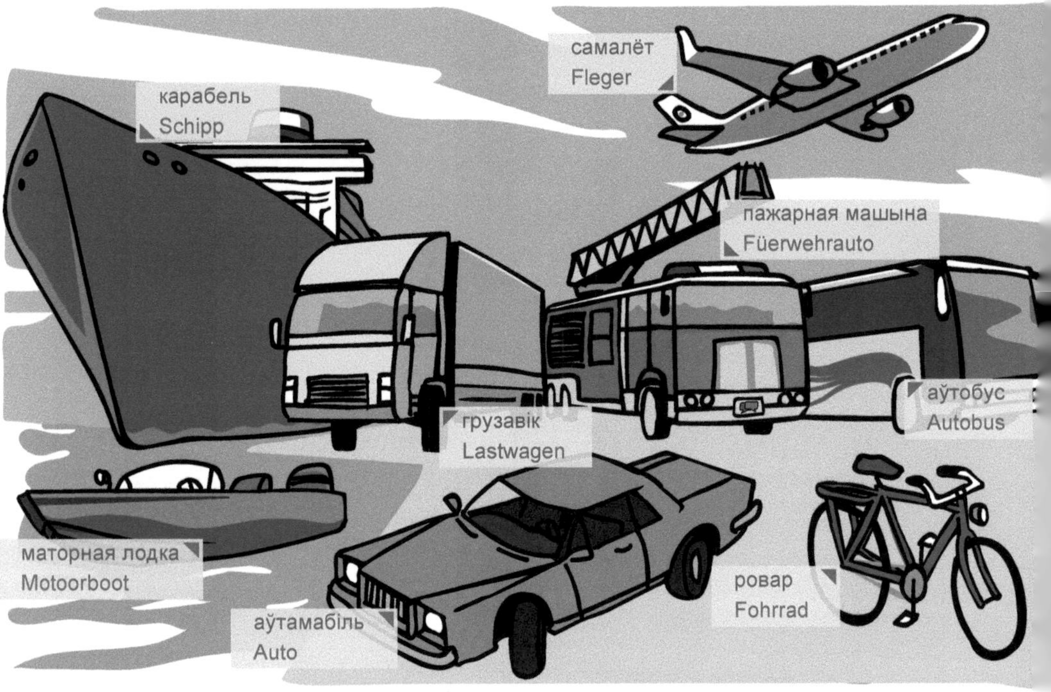
самалёт
Fleger
карабель
Schipp
пажарная машына
Füerwehrauto
аўтобус
Autobus
грузавік
Lastwagen
маторная лодка
Motoorboot
ровар
Fohrrad
аўтамабіль
Auto

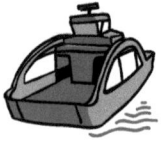

паром
Fähr

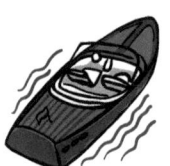

лодка
Boot

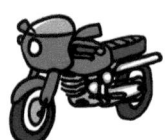

матацыкл
Motoorrad

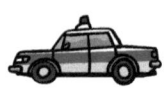

паліцэйская машына
Polizeiauto

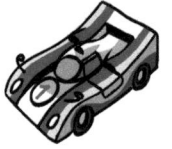

гоначны аўтамабіль
Rönnauto

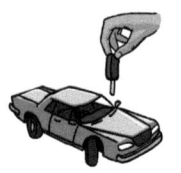

арэндаваны аўтамабіль
Lehnwagen

сумеснае карыстанне
аўтамабілем

Carsharing

эвакуатар

Afsleepwagen

смеццявоз

Müllauto

матор

Motoor

паліва

Kraftstoff

запраўка

Tanksteed

дарожны знак

Verkehrsschild

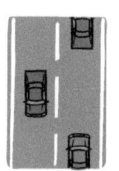

дарожны рух

Verkehr

затор

Stau

паркоўка

Afstellplatz

чыгуначная станцыя

Bahnhoff

рэйкі

Sporen

цягнік

Tog

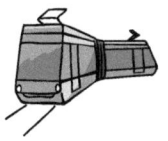

трамвай

Stratenbahn

вагон

Wagon

верталёт

Dwarsmöhl

аэрапорт

Flooghaven

вежа

Tower

пасажыр

Fohrgast

кантэйнер

Grootkist

кардонная скрыня

Karton

тачка

Koor

карзіна

Korf

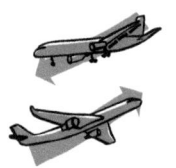

ўзлятаць / прызямляцца

starten / lannen

горад

Stadt

вёска

Dörp

цэнтр горада

Binnenstadt

дом

Huus

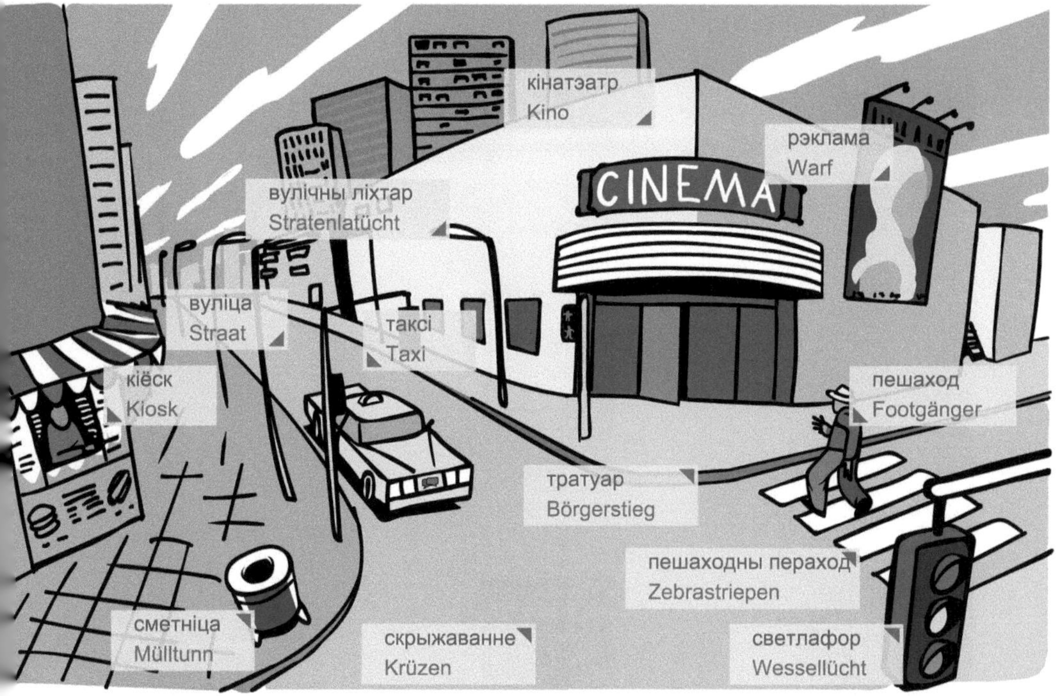

CINEMA
кінатэатр
Kino
рэклама
Warf
вулічны ліхтар
Stratenlatücht
вуліца
Straat
таксі
Taxi
кіёск
Kiosk
пешаход
Footgänger
тратуар
Börgerstieg
пешаходны пераход
Zebrastriepen
сметніца
Mülltunn
скрыжаванне
Krüzen
светлафор
Wessellücht

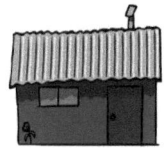

халупа

Hütt

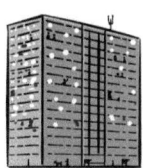

кватэра

Wahnung

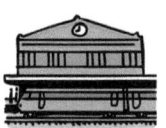

чыгуначная станцыя

Bahnhoff

ратуша

Raathuus

MUSEUM

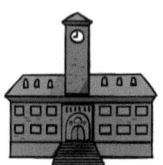

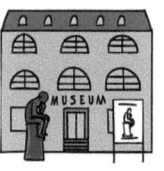

музей

Museum

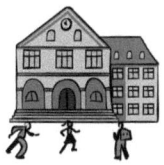

школа

School

універсітэт
Universität

банк
Bank

шпіталь
Krankenhuus

гатэль
Hotel

аптэка
Afteek

офіс
Büro

кнігарня
Bookhökerie

крама
Hökerie

кветкавая крама
Blomenhökerie

супермаркет
Supermarkt

кірмаш
Markt

універмаг
Koophuus

рыбная крама
Fischhökerie

гандлевы цэнтр
Inkoopszentrum

порт
Haven

парк

Parkanlaag

лава

Bank

мост

Brüch

лесвіца

Trepp

метро

Ünnergrundbahn

тунэль

Tunnel

прыпынак

Busstoppsteed

бар

Bar

рэстаран

Spieslokal

паштовая скрыня

Breefkassen

вулічны паказальнік

Stratenschild

паркамат

Parkklock

заапарк

Deertenpark

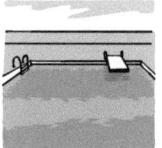

басейн

Baadanstalt

мячэць

Moschee

сядзіба

Buernhoff

забруджванне
навакольнага асяроддзя

Ümweltversmudden

могілкі

Karkhoff

царква

Kark

пляцоўка для гульні

Speelplatz

храм

Tempel

краявід
Landschop

ліст
Blatt

паказальнік
Wiespahl

дарога
Weg

луг
Wisch

камень
Steen

дрэва
Boom

падарожнік
Wannerer

рака
Fluss

трава
Gras

кветка
Bloom

даліна
Daal

гара
Barg

возера
See

лес
Holt

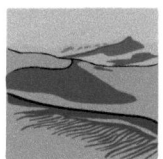

пустыня
Wööst

вулкан
Füerspien Barg

замак
Slott

вясёлка
Regenbagen

грыб
Poggenstohl

пальма
Palm

камар
Steekmück

муха
Fleeg

мурашка
Miegeemk

пчала
Imm

павук
Spinn

жук

Sebber

жаба

Pogg

вавёрка

Katteker

вожык

Swienegel

заяц

Haas

сава

Uul

птушка

Vagel

лебедзь

Swaan

дзік

Wildswien

алень

Hirsch

лось

Elk

плаціна

Staudamm

вятрак

Windrad

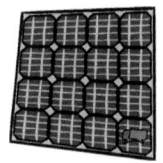

сонечная батарэя

Solarmodul

клімат

Klima

рэстаран
Spieslokal

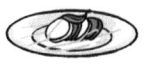

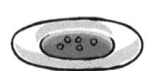

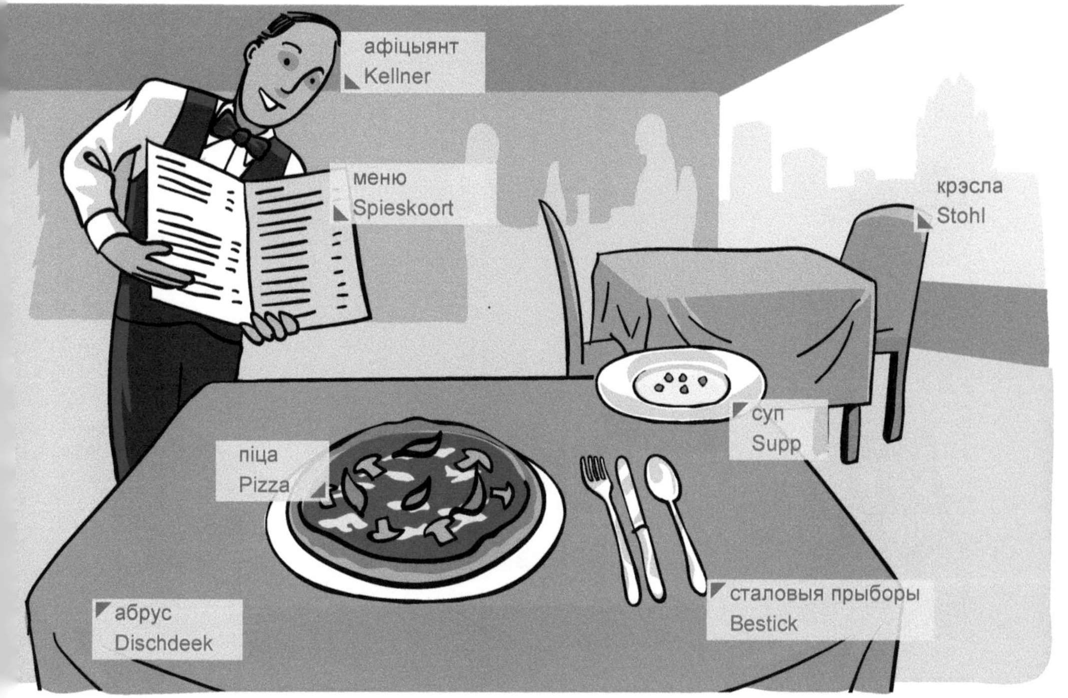
афіцыянт
Kellner
меню
Spieskoort
крэсла
Stohl
суп
Supp
піца
Pizza
абрус
Dischdeek
сталовыя прыборы
Bestick

закуска
Vörspies

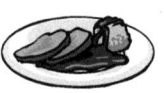

другая страва
Haupteten

дэсерт
Nadisch

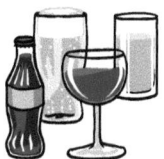

напоі
Drünk

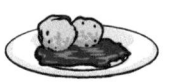

ежа
Eten

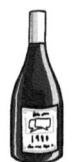

бутэлька
Buddel

хуткае харчаванне (фаст-
фуд)

Fastfood

стрыт-фуд

Strateneten

імбрык (чайнік)

Teekann

цукарніца

Zuckerdoos

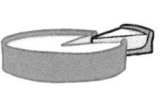

порцыя

Portschoon

эспрэса-машына

Espressomaschien

дзіцячае крэселка

Hoochstohl

рахунак

Reken

паднос

Tablett

нож

Mess

відэлец

Gavel

лыжка

Lepel

чайная лыжка

Teelepel

сурвэтка

Munddook

шклянка

Glas

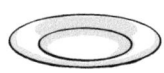

талерка

Töller

супавая талерка

Suppentöller

сподак

Ünnertass

соус

Sooß

сальніца

Soltstreuer

млынок для перцу

Pepermöhl

воцат

Etig

алей

Ööl

спецыі

Krüder

кетчуп

Ketchup

гарчыца

Mostrich

маянэз

Mayonnaise

супермаркет
Supermarkt

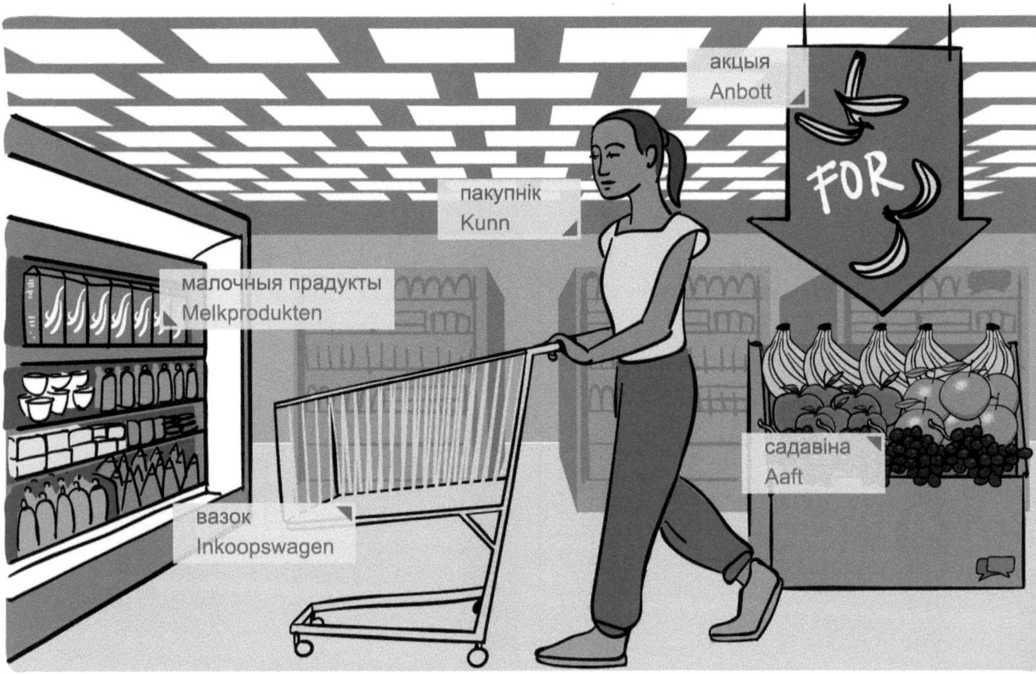

акцыя
Anbott

пакупнік
Kunn

малочныя прадукты
Melkprodukten

садавіна
Aaft

вазок
Inkoopswagen

мясная крама

Slachterie

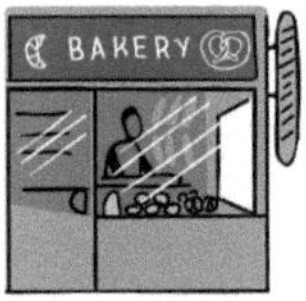

хлебны магазін

Bäckerie

важыць

wegen

гародніна

Gröönsaken

мяса

Fleesch

свежазамарожаныя
прадукты
Deepköhlkost

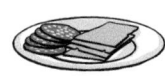

нарэзка

Opsnitt

кансервы

Konserven

пральны парашок

Waschmiddel

прысмакі

Snoopkraam

хатнія прылады

Huushooltssaken

чысцячы сродак

Reinmaaktüüch

прадавец

Verköpersche

каса

Kass

касір

Kasserer

спіс пакупак

Inkoopslist

гадзіны працы

Opsparrtieden

бумажнік

Breeftasch

крэдытная картка

Kreditkoort

сумка

Tasch

пакет

Plastiktüüt

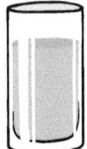

вада

Water

сок

Saft

малако

Melk

кола

Cola

віно

Wien

піва

Beer

алкаголь

Spriet

какава

Kakao

гарбата (чай)

Tee

кава

Koffie

эспрэса

Espresso

капучына

Cappucino

банан

Banaan

яблык

Appel

апельсін

Appelsien

дыня

Meloon

лімон

Zitroon

морква

Wöttel

часнок

Knuuvlook

бамбук

Bambus

цыбуля

Zibbel

грыб

Poggenstohl

арэхі

Nööt

локшына

Nudeln

спагеці

Spaghetti

рыс

Ries

салата

Salat

бульба фры

Pommes frites

смажаная бульба

Braadkantüffeln

піца

Pizza

гамбургер

Hamborger

бутэрброд

Sandwich

шніцаль

Snitzel

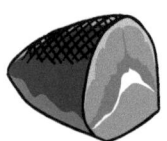

вяндліна

Schinken

салямі

Salami

каўбаса

Wust

курыца

Hohn

смажаніна

Braden

рыбак

Fisch

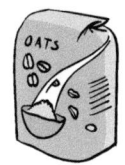

аўсяныя камякі

Haverflocken

мюслі

Müsli

кукурузныя шматкі

Cornflakes

мука

Mehl

круасан

Croissant

булачка

Rundstück

хлеб

Broot

тост

Toast

пячэнне

Keksen

масла

Botter

тварог

Quark

пірог

Koken

яйка

Ei

яечня

Spegelei

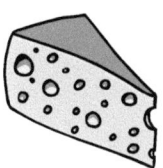

сыр

Kees

марожанае

les

цукар

Zucker

мёд

Honnig

варэнне

Marmelaad

нуга

Nougat-Creme

кары

Curry

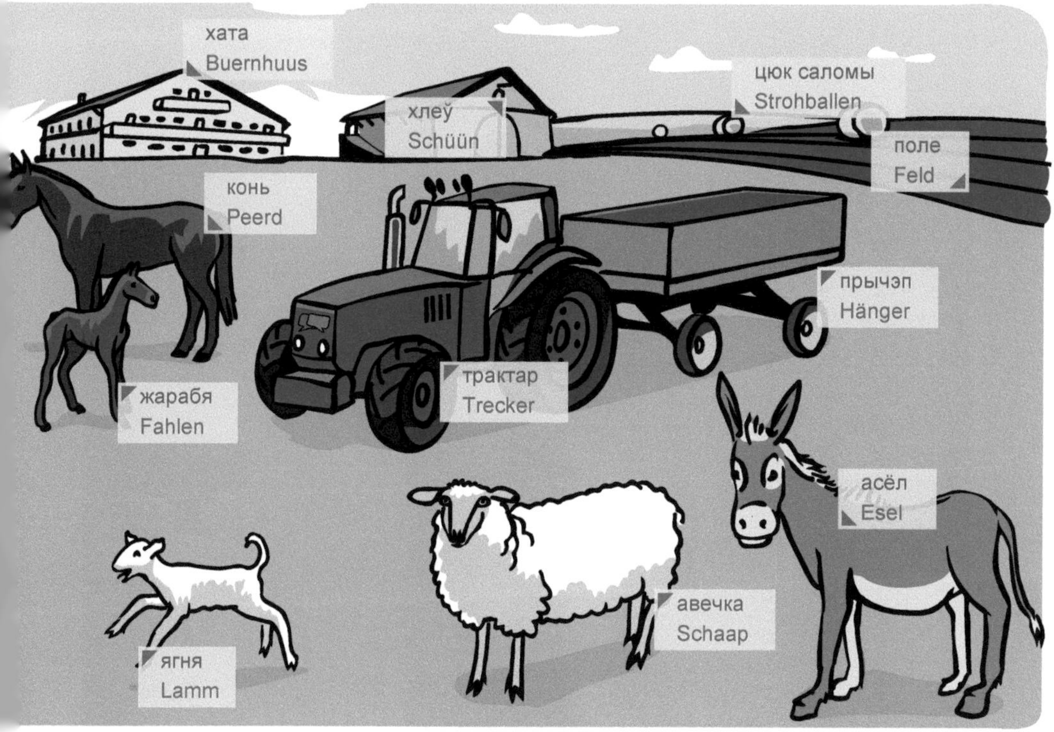

хата
Buernhuus

цюк саломы
Strohballen

хлеў
Schüün

поле
Feld

конь
Peerd

прычэп
Hänger

трактар
Trecker

жарабя
Fahlen

асёл
Esel

авечка
Schaap

ягня
Lamm

каза

Zeeg

карова

Koh

цяля

Kalf

свіння

Swien

парася

Farken

бык

Bull

гусак
....
Goos

качка
....
Aant

кураня
....
Küken

курыца
....
Hohn

певень
....
Hahn

пацук
....
Rott

кот
....
Katt

мыш
....
Muus

вол
....
Oss

сабака
....
Hund

сабачая будка
....
Hunnenhütt

садовы шланг
....
Goornslauch

палівачка
....
Geetkann

каса
....
Lee

плуг
....
Ploog

серп
Sich

матыка
Hack

вілы для гною
Mestfork

сякера
Ext

тачка
Schuufkoor

карыта
Trog

бітон для малака
Melkkann

мех
Sack

плот
Tuun

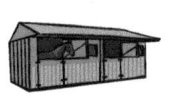

хлеў
Stall

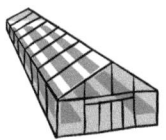

цяпліца
Drievhuus

глеба
Bodden

насенне
Saat

угнаенне
Dünger

камбайн
Meihdöscher

збіраць ураджай

oornen

ураджай

Oorn

ямс

Yamswöttel

пшаніца

Weten

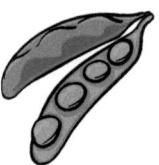

соя

Soja

бульба

Kantüffel

кукуруза

Törksche Weten

рапс

Rapp

садовае дрэва

Aaftboom

маніёк

Troopsch Kantüffel

збожжа

Koorn

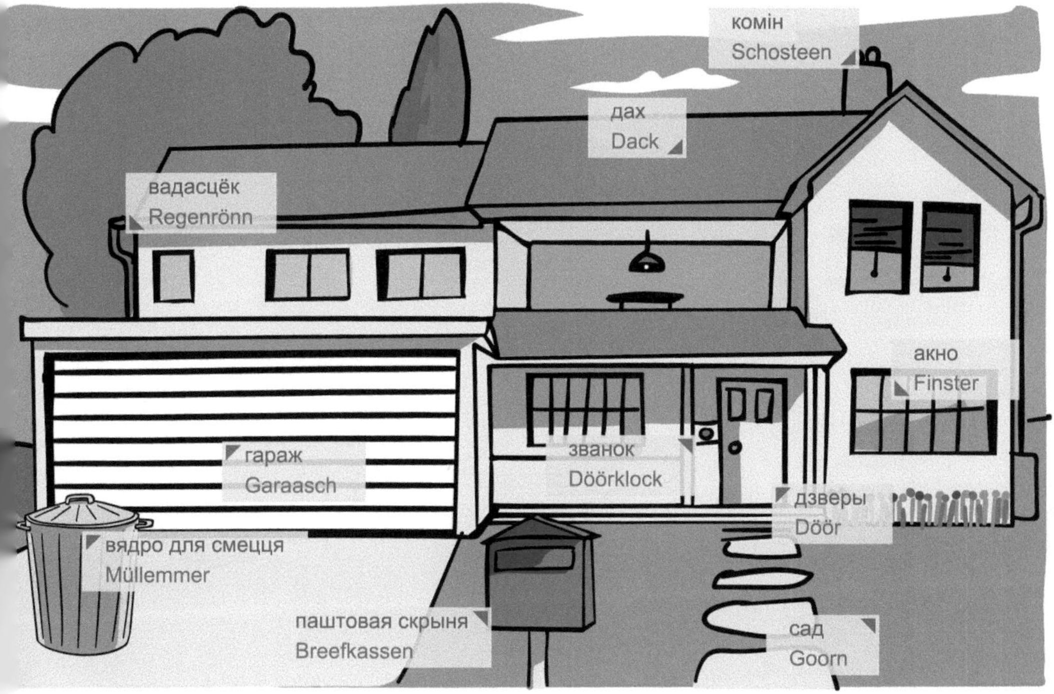

комін
Schosteen

дах
Dack

вадасцёк
Regenrönn

акно
Finster

гараж
Garaasch

званок
Döörklock

дзверы
Döör

вядро для смецця
Müllemmer

паштовая скрыня
Breefkassen

сад
Goorn

жылы пакой

Wahnstuuv

ванная

Baadstuuv

кухня

Köök

спальны пакой

Slaapstuuv

дзіцячы пакой

Kinnerstuuv

сталоўка

Eetstuuv

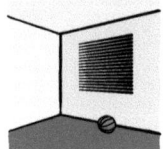

падлога

Footbodden

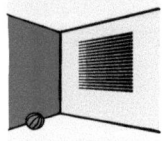

сцяна

Wand

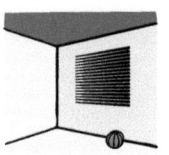

столь

Deek

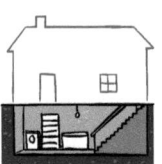

падвал

Keller

саўна

Hittluftbad

балкон

Balkon

тэраса

Terrass

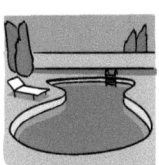

басейн

Swümmbad

касілка

Rasenmeiher

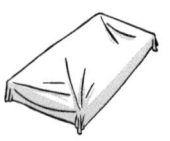

падкоўдранік

Bettbetog

коўдра

Bettdeek

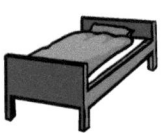

ложак

Puuch

венік

Bessen

вядро

Emmer

выключальнік

Schalter

жылы пакой
Wahnstuuv

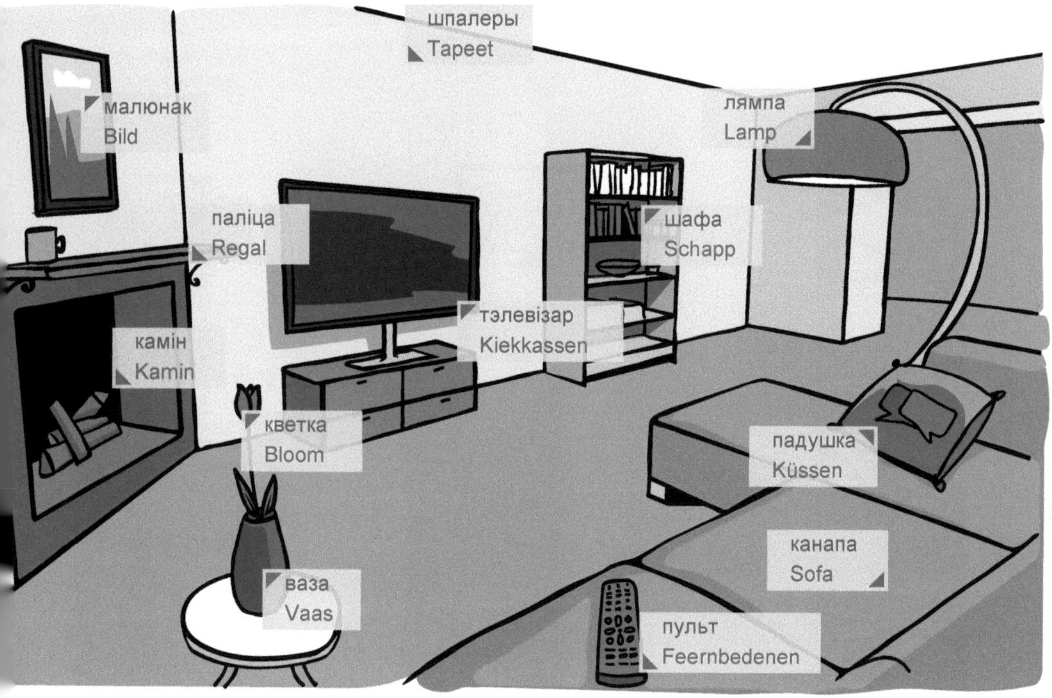

шпалеры
Tapeet
малюнак
Bild
лямпа
Lamp
паліца
Regal
шафа
Schapp
тэлевізар
Kiekkassen
камін
Kamin
кветка
Bloom
падушка
Küssen
канапа
Sofa
ваза
Vaas
пульт
Feernbedenen

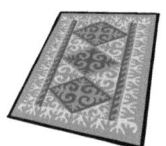

дыван

Teppich

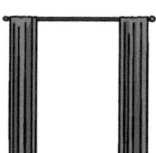

фіранка

Vörhang

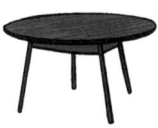

стол

Disch

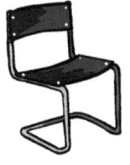

крэсла

Stohl

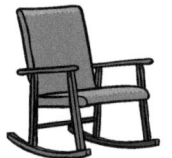

крэсла-качалка

Schuckelstohl

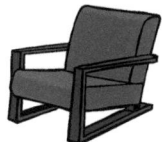

крэсла

Sessel

кніга

Book

коўдра

Deek

дэкарацыя

Dekoratschoon

дровы

Füerholt

кіно

Film

стэрэасістэма

Stereoanlaag

ключ

Slötel

газета

Narichtenblatt

карціна

Gemälde

постар

Poster

радыё

Radio

нататнік

Opschrievblock

пыласос

Huulbessen

кактус

Kaktus

свечка

Kars

кухня
Köök

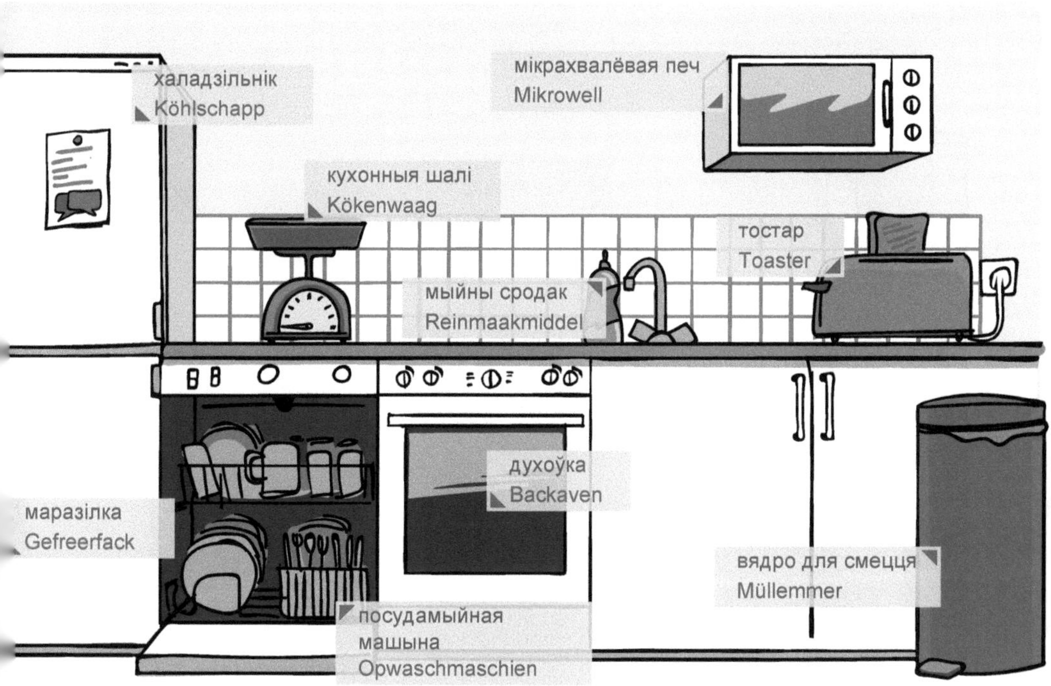

халадзільнік
Köhlschapp
мікрахвалёвая печ
Mikrowell
кухонныя шалі
Kökenwaag
тостар
Toaster
мыйны сродак
Reinmaakmiddel
духоўка
Backaven
маразілка
Gefreerfack
вядро для смецця
Müllemmer
посудамыйная машына
Opwaschmaschien

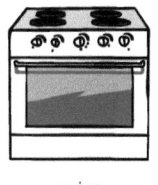

пліта
Heerd

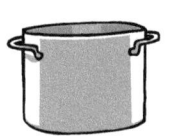

рондаль
Pott

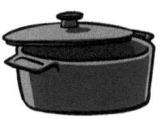

чыгунок
Gussiesern Putt

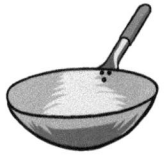

Вок / кадаі
Wok / Kadai

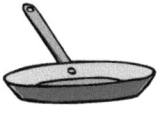

патэльня
Pann

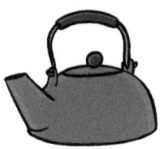

чайнік
Waterkaker

пароварка

Dampkaakputt

бляха

Backblick

посуд

Geschirr

кубак

Beker

міска

Schaal

палачкі для ежы

Eetsticken

чарпак

Suppenkell

лапатачка

Pannenwenner

збівалка

Sneebessen

сіта для варэння

Kaakseef

сіта

Seef

тарка

Riev

ступка

Mörser

грыль

Grill

вогнішча

Füerstell

дошка

Sniedbrett

качалка

Nudelholt

штопар

Proppentrecker

бляшанка

Doos

адкрывалка

Dosenaapner

прыхваткі

Pottlappen

ракавіна

Waschbecken

шчотка

Böst

губка

Swamm

міксер

Mixer

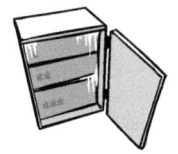

маразільная камера

Iesschapp

бутэлечка

Nuckelbuddel

вадаправодны кран

Waterhahn

ванная
Baadstuuv

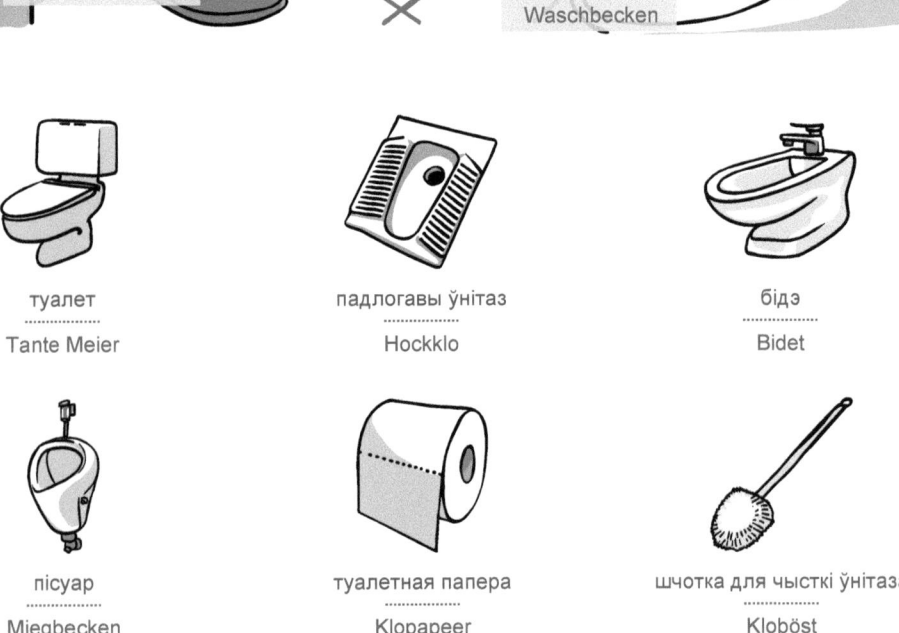

ручніковы сушыцель
Heizung
ручнік
Handdook
душ
Bruus
штора для душа
Bruusvörhang
пенная ванна
Schuumbad
ванна
Baadwann
мыйная машына
Waschmaschien
шклянка
Glas
вадаправодны кран
Waterhahn
плітка
Fliesen
начны гаршчок
lütte Putt
ракавіна
Waschbecken

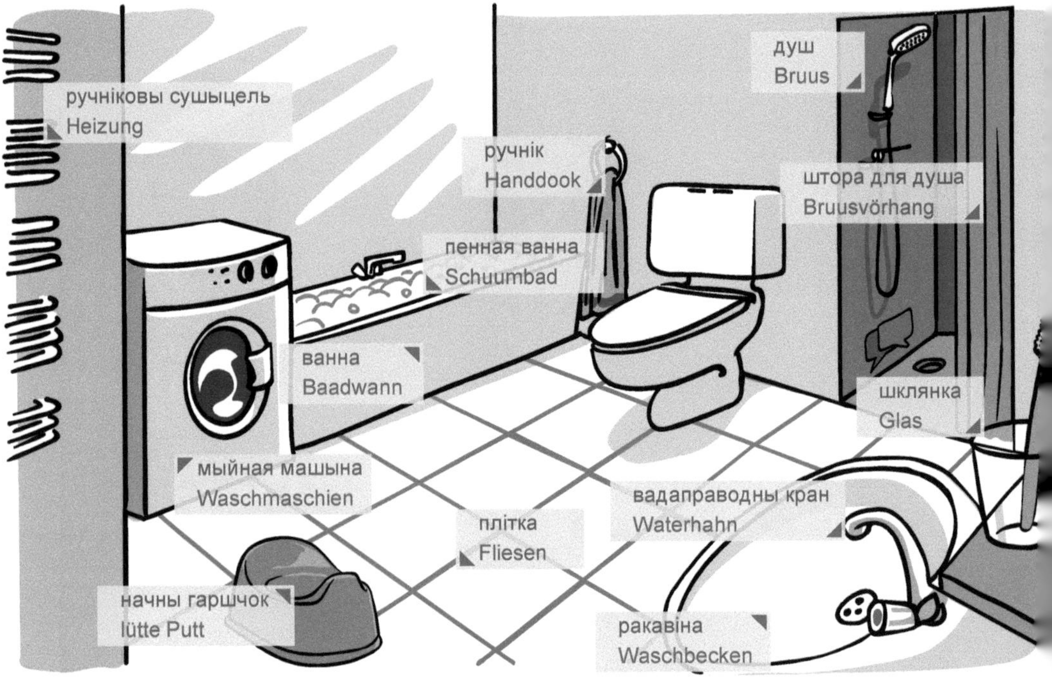

туалет

Tante Meier

падлогавы ўнітаз

Hockklo

бідэ

Bidet

пісуар

Miegbecken

туалетная папера

Klopapeer

шчотка для чысткі ўнітаза

Kloböst

зубная шчотка

Tähnböst

зубная паста

Tähnpast

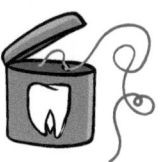

зубная нітка

Tähnsied

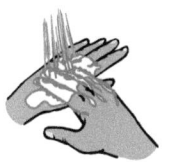

мыць

waschen

ручны душ

Handbruus

інтымны душ

Intimbruus

умывальнік

Waschschöttel

шчотка для спіны

Rüchböst

мыла

Seep

гель для душа

Bruusgeel

шампунь

Hoorwaschmiddel

вяхотка

Waschlappen

вадасцёк

Afloop

крэм

Creme

дэзадарант

Deodorant

люстэрка

Spegel

касметычнае люстэрка

Kosmetikspegel

станок для галення

Raserer

пена для галення

Raseerschuum

ласьён пасля галення

Raseerwater

грэбень

Kamm

шчотка

Böst

фен

Hoordröger

лак для валасоў

Hoorspray

касметыка

Smink

памада

Lippensticken

лак для пазногцяў

Nagellack

вата

Watt

манікюрныя нажніцы

Nagelscheer

духі

Rüükwater

касметычка

Kulturbüdel

табурэтка

Schemel

вагі

Waag

лазневы халат

Baadmantel

санітарныя пальчаткі

Gummihanschen

тампон

Tampon

гігіенічныя пракладкі

Damenbinn

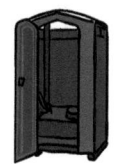

біятуалет

Chemieklo

дзіцячы пакой
Kinnerstuuv

будзільнік
Wecker
мяккая цацка
Knudeldeert
цацачная машынка
Speeltüüchauto
бразготка
Klöter
лялечны домік
Poppenhuus
падарунак
Geschenk

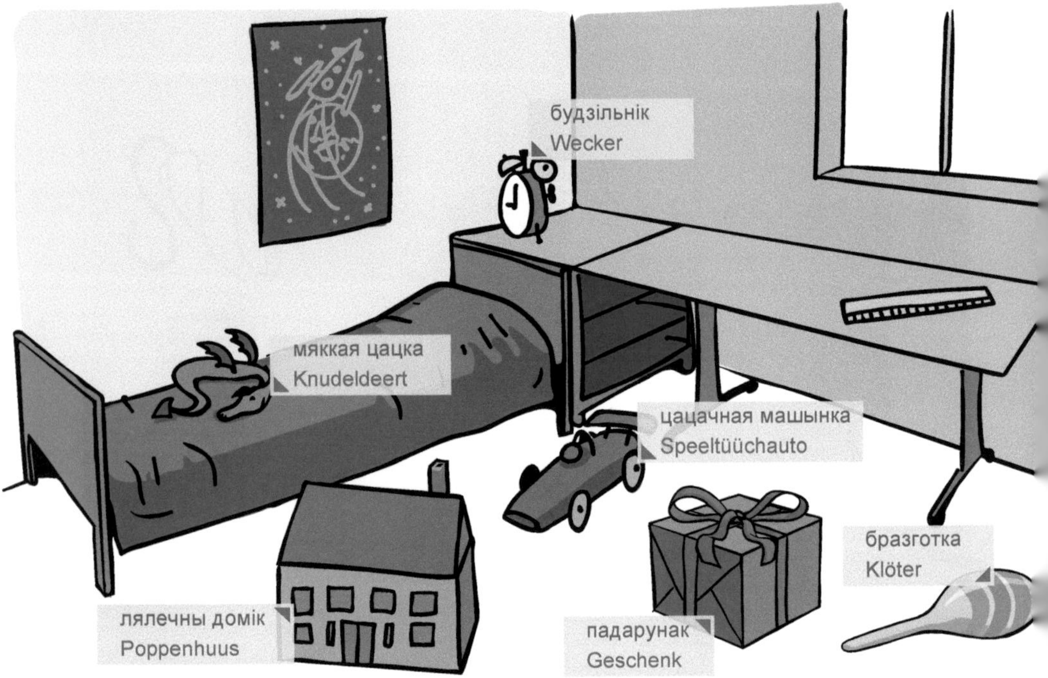

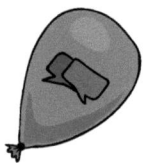

надзіманы шарык
Luftballon

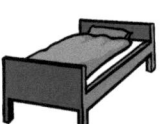

ложак
Puuch

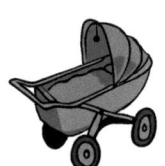

дзіцячая каляска
Kinnerwagen

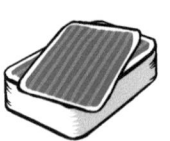

калода картаў
Koortenspeel

пазл
Puzzle

SUPER
MEGA

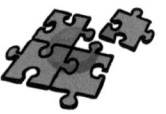

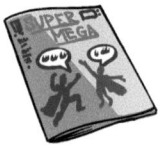

комікс
Billergeschicht

канструктар "Лега"

Legostenen

канструктар

Bustenen

экшэн-фігурка

Action-Figur

дзіцячы гарнітур

Strampelantog

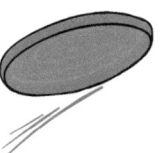

фрызбі

Frisbeeschiev

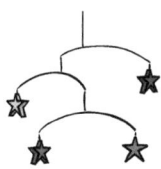

дзіцячы мабіль

Mobile

настольная гульня

Brettspeel

кубік

Wörpel

дзіцячая чыгунка

Modelliesenbahn

пустышка

Snuller

дзіцячае свята

Party

кніга з малюнкамі

Billerbook

мячык

Ball

лялька

Popp

гуляцца

spelen

пясочніца

Sandkassen

арэлі

Schuckel

цацкі

Speeltüüch

гульнявая відэа прыстаўка

Speelkonsool

трохколавы ровар

Dreerad

плюшавы мішка

Teddyboor

шафа

Klederschapp

адзенне

Tüüch

шкарпэткі

Socken

панчохі

Strümp

калготкі

Strumpbüx

шалік
Halsdook

парасон
Paraplü

цішотка
T-Shirt

рамень
Liefreem

боты
Stevel

пантоплі
Puuschen

красоўкі
Turnschoh

сандалі
Sandalen

абутак
Schoh

гумовыя боты
Gummistevel

трусы
Ünnerbüx

бюстгальтар
Bostholler

майка
Ünnerhemd

бодзі

Lief

штаны

Büx

джынсы

Jeansnüx

спадніца

Rock

блузка

Bluus

кашуля

Hemd

джэмпер

Pullover

талстоўка

Kapuzenpullover

блэйзер

Blazer

куртка

Jack

паліто

Mantel

дажджавік

Övertrecker

касцюм

Kostüm

сукенка

Kleed

вясельная сукенка

Hochtietskleed

касцюм

Antog

начная сарочка

Nachtkleed

піжама

Slaapantog

сары

Sari

хустка

Koppdook

цюрбан

Turban

паранджа

Burka

каптан

Kaftan

Абая

Abaya

купальнік

Baadantog

плаўкі

Baadbüx

шорты

Korte Büx

спартыўны касцюм

Antog to'n Öven

фартух

Schört

пальчаткі

Handschoh

гузік

Knopp

акуляры

Brill

бранзалет

Armband

каралі

Halskeed

кальцо

Ring

завушніца

Ohrbummel

кепка

Mütz

вешалка

Klederbögel

капялюш

Hoot

гальштук

Binner

маланка

Rietslüter

шлем

Helm

падцяжкі

Drachtband

школьная форма

Schooluniform

уніформа

Uniform

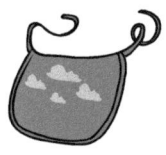

нагруднік

Severböten

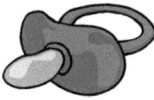

пустышка

Snuller

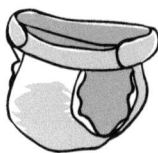

падгузнік

Winnel

офіс
Büro

сервер
Server
канцылярская шафа
Aktenschapp
папера
Papeer
прынтэр
Drucker
манітор
Bildschirm
пісьмовы стол
Schrievdisch
мыш
Muus
тэчка
Orner
клавіятура
Knoopboord
смеццевы кошык
Papeerkorf
кампутар
Computer
крэсла
Stohl

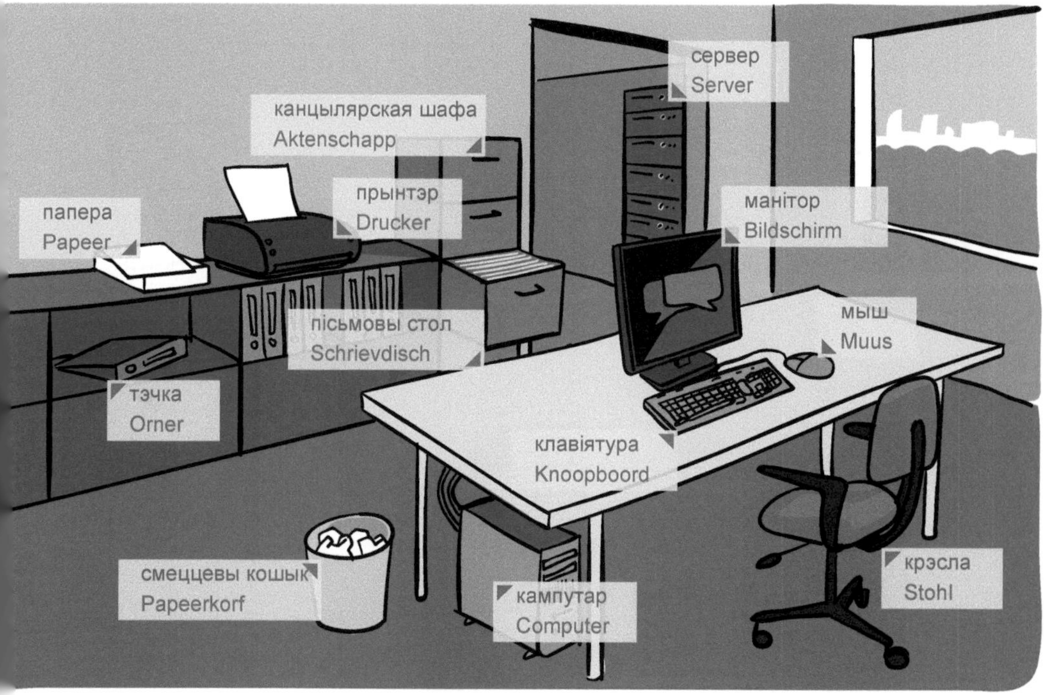

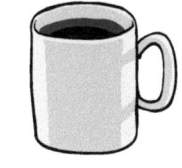

ак для кавы (філіжанка)

Koffiebeker

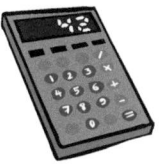

калькулятар

Taschenreekner

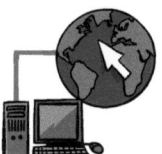

інтэрнэт

Internet

ноўтбук

Klappreekner

ліст

Breef

паведамленне

Naricht

мабільны тэлефон

Ackersnacker

сетка

Nettwark

ксеракс

Kopeerapparat

праграмнае забеспячэнне

Software

тэлефон

Klöönkassen

разетка

Steekdoos

факс

Faxapparat

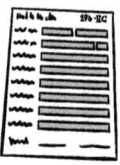

фармуляр

Formulor

дакумент

Dokument

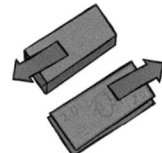

купляць
köpen

плаціць
betahlen

гандляваць
hanneln

грошы
Geld

долар
Dollar

еўра
Euro

ена
Yen

рубель
Ruvel

франк
Swiezer Franken

кітайскі юань
Renminbi Yuan

рупія
Rupie

банкамат
Geldautomat

абменны пункт

Wesselstuuv

золата

Gold

срэбра

Sülver

нафта

Ööl

энергія

Energie

цана

Pries

кантракт

Verdrag

падатак

Stüer

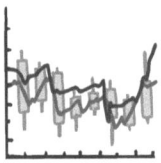

акцыя

Andeelschien

працаваць

arbeiden

служачы

Anstellte

працадаўца

Arbeitgever

фабрыка

Fabrik

крама

Hökerie

прафесіі
Profeschonen

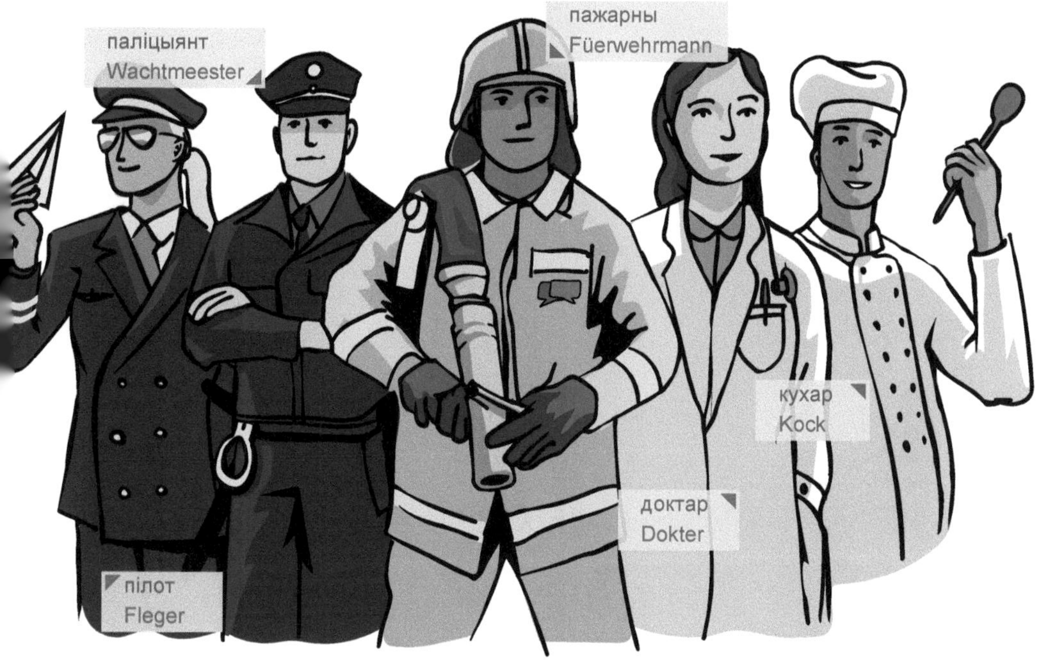
паліцыянт
Wachtmeester
пажарны
Füerwehrmann
кухар
Kock
доктар
Dokter
пілот
Fleger

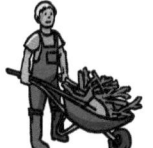

садоўнік
Goorner

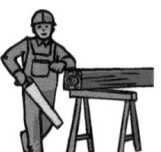

слесар
Discher

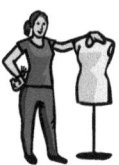

швачка
Neihersche

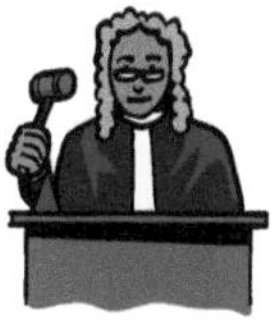

суддзя
Richter

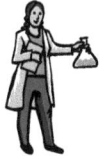

хімік
Chemiker

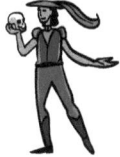

артыст
Schauspeler

кіроўца аўтобуса

Busfohrer

таксіст

Taxifohrer

рыбак

Fischer

прыбіральшчыца

Reinmaakfru

страхар

Dackdecker

афіцыянт

Kellner

паляўнічы

Jäger

мастак

Maler

пекар

Bäcker

электрык

Elektriker

будаўнік

Buarbeider

інжынер

Ingenieur

мяснік

Slachter

сантэхнік

Klempner

паштальён

Postbüdel

салдат

Suldat

архітэктар

Architekt

касір

Kasserer

фларыст

Florist

цырульнік

Putzbüdel

кандуктар

Schaffner

механік

Mechaniker

капітан

Kaptein

стаматолаг

Tähndokter

вучоны

Wetenschopler

рабін

Rabbi

імам

Imam

манах

Mönk

святар

Paap

прафесіі - Profeschonen

інструменты
Warktüüch

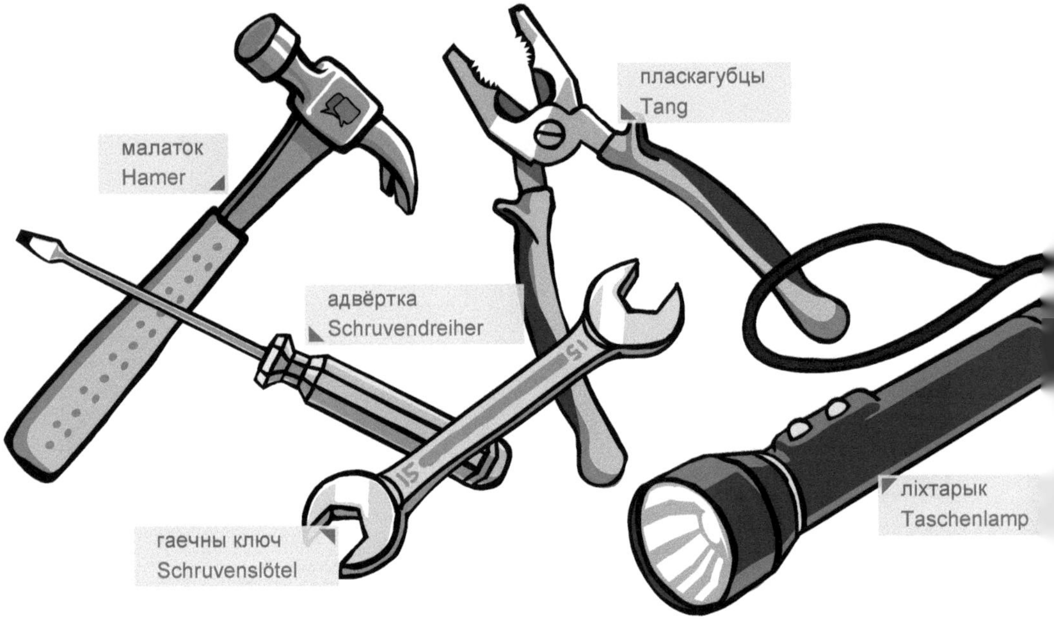
пласкагубцы
Tang
малаток
Hamer
адвёртка
Schruvendreiher
ліхтарык
Taschenlamp
гаечны ключ
Schruvenslötel

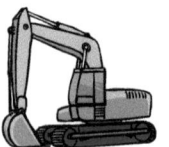

экскаватар

Grieper

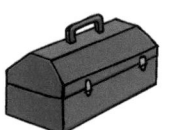

скрыня для інструментаў

Warktüüchkassen

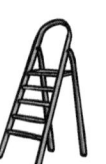

дравіны

Ledder

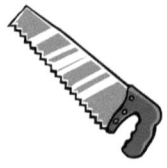

піла

Saag

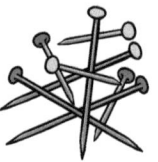

цвікі

Nagels

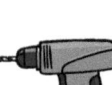

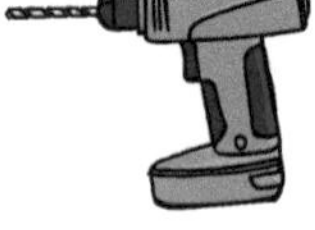

дрыль

Bohrer

рамантаваць

heelmaken

рыдлеўка

Schüffel

Халера!

Schiet!

шуфлік для смецця

Kehrblick

вядро з фарбаю

Farvpott

балты

Schruven

музычныя інструменты
Musikinstrumenten

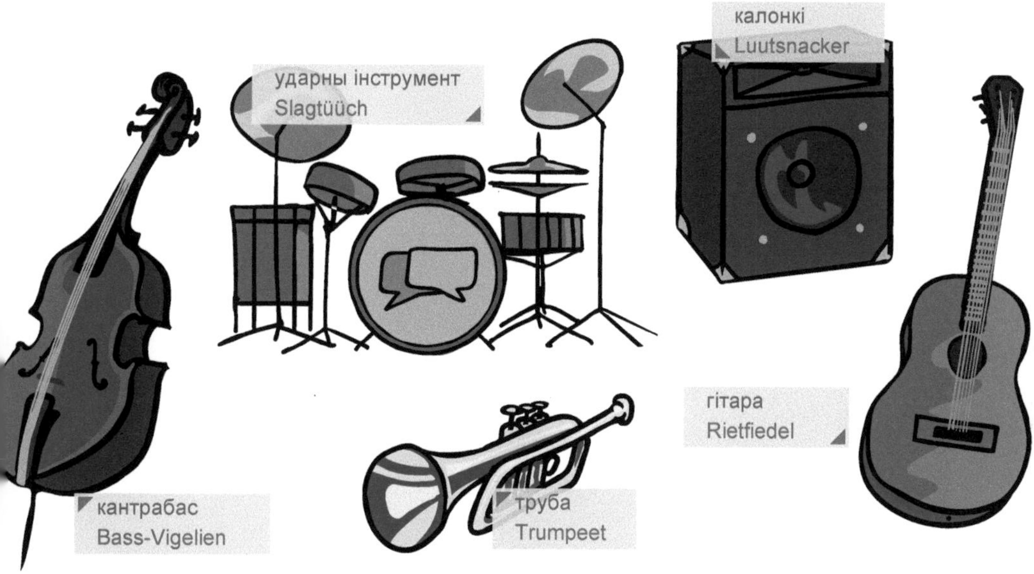

ударны інструмент
Slagtüüch

калонкі
Luutsnacker

гітара
Rietfiedel

кантрабас
Bass-Vigelien

труба
Trumpeet

піяніна

Klaveer

скрыпка

Vigelien

басгітара

Bass

літаўры

Pauk

барабан

Trummeln

клавішны электрамузычны
інструмент

Keyboard

саксафон

Saxophon

флейта

Fleut

мікрафон

Mikrofoon

заапарк
Deertenpark

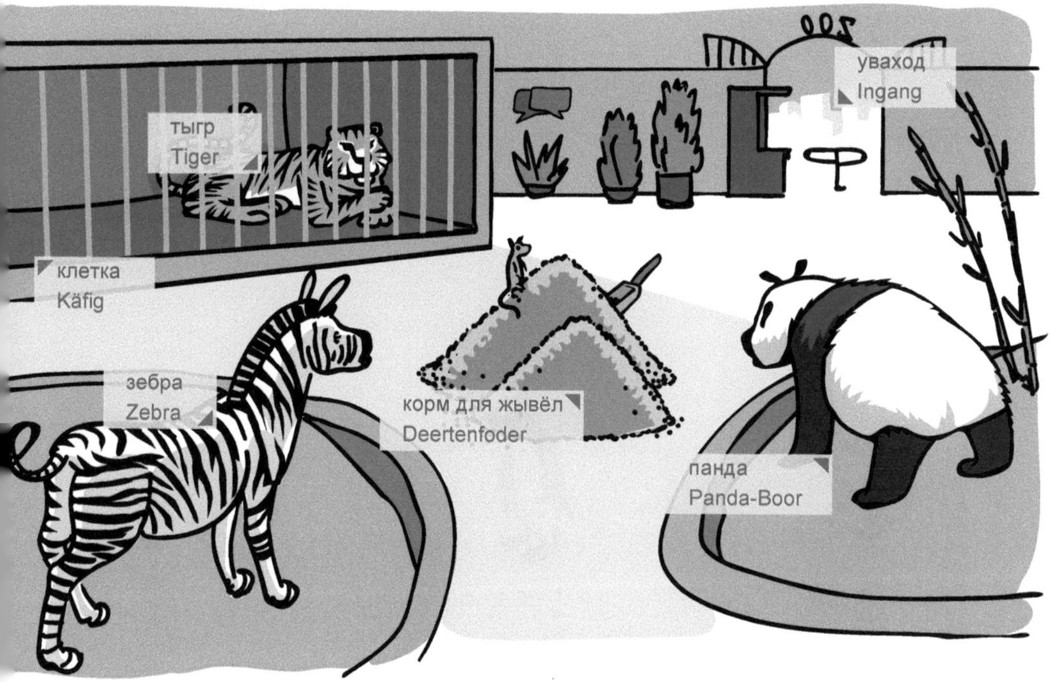

тыгр
Tiger
уваход
Ingang
клетка
Käfig
зебра
Zebra
корм для жывёл
Deertenfoder
панда
Panda-Boor

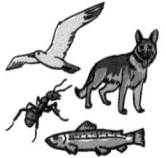

жывёлы

Deerten

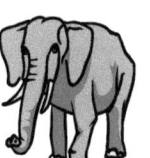

слон

Elefant

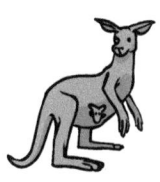

кенгуру

Känguru

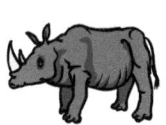

насарог

Neeshoorn

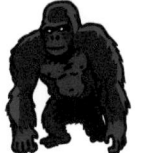

гарыла

Gorilla

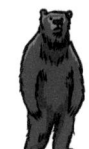

мядзведзь

Boor

вярблюд

Kameel

стравус

Struuß

леў

Lööv

малпа

Aap

фламінга

Flamingo

папугай

Papagoi

белы мядзведзь

Iesboor

пінгвін

Pinguin

акула

Haifisch

паўлін

Pageluun

змяя

Slang

кракадзіл

Krokodil

наглядчык заапарка

Oppasser in'n Deertenpark

цюлень

Saalhund

ягуар

Jaguor

поні

Pony

леапард

Leopard

бегемот

Nilpeerd

жыраф

Giraff

арол

Aadler

дзік

Wildswien

рыбак

Fisch

чарапаха

Schildkrööt

морж

Walross

ліса

Voss

газель

Gazell

амерыканскі футбол
Amerikaansch Football

веласпорт
Radfohren

тэніс
Tennis

баскетбол
Korfball

плаванне
Swümmen

бокс
Boxen

хакей з шайбай
Ieshockey

футбол
Football

бадмінтон
Fedderball

лёгкая атлетыка
Leichtathletik

гандбол
Handball

горныя лыжы
Skilopen

пола
Polo

дзейнасць

Aktivitäten

смяяцца
lachen
скакаць
springen
абдымаць
ümarmen
ісці
gahn
спяваць
singen
марыць
drömen
маліцца
beden
цалаваць
snuteln

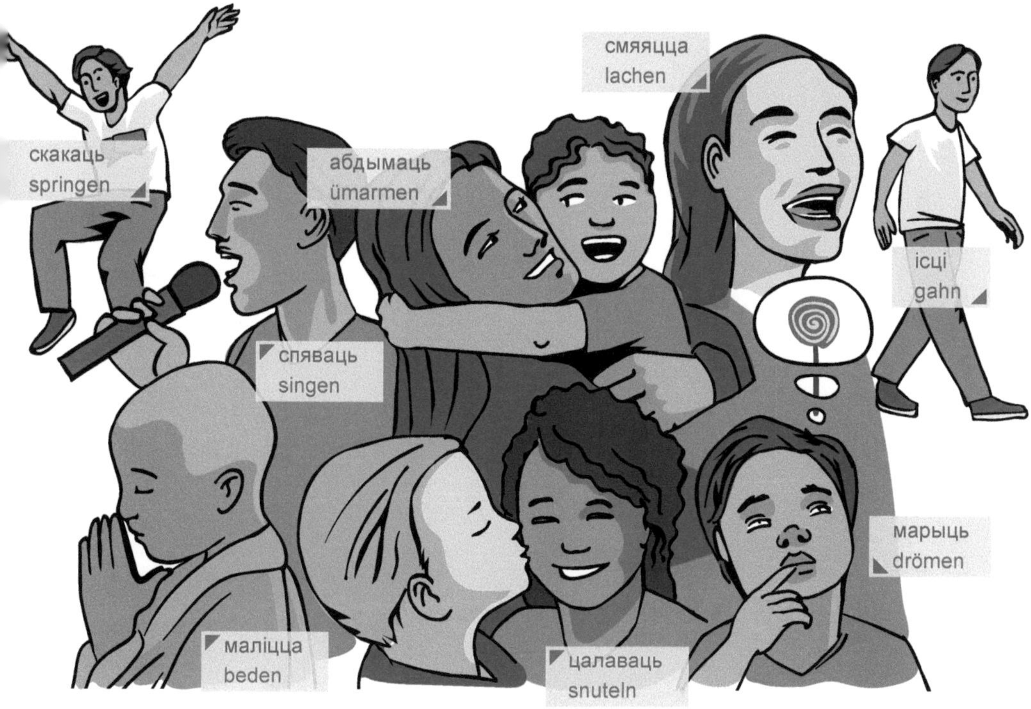

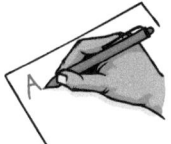

пісаць
schrieven

маляваць
teken

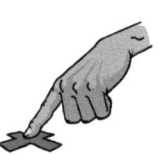

паказваць
wiesen

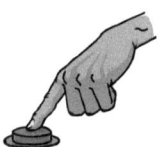

націснуць
drücken

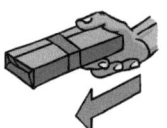

даваць
geven

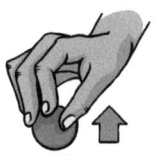

браць
nehmen

маць

hebben

выконваць

doon

быць

sien

стаяць

stahn

бегчы

lopen

цягнуць

trecken

кідаць

smieten

падаць

fallen

ляжаць

liggen

чакаць

töven

насіць

dregen

сядзець

sitten

апранацца

antrecken

спаць

slapen

прачынацца

opwaken

глядзець

ankieken

плакаць

wenen

лашчыць

eien

прычэсвацца

kämmen

гаварыць

snacken

разумець

verstahn

пытаць

fragen

чуць

hören

піць

drinken

есці

eten

прыбіраць

oprümen

кахаць

leefhebben

гатаваць

kaken

ехаць

fohren

лятаць

flegen

плаваць пад ветразем

segeln

лічыць

reken

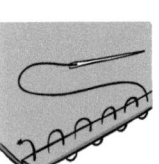

чытаць

lesen

вучыць

lehren

працаваць

arbeiden

уступаць у шлюб

de Plünnen tohoopsmieten

шыць

neihen

чысціць зубы

Tähnen putzen

забіваць

dootmaken

курыць

smöken

пасылаць

schicken

бабуля
Grootmoder

дзядуля
Grootvadder

бацька
Vadder

маці
Moder

дзіця
Winnelkind

дачка
Dochter

сын
Söhn

госць

Gast

цётка

Tant

дзядзька

Unkel

брат

Broder

сястра

Süster

цела
Lief

лоб
Vörkopp
вока
Oog
плячо
Schuller
палец
Finger
твар
Gesicht
падбародак
Kinn
рука
Hand
нага
Been
грудзі
Bost
рука
Arm

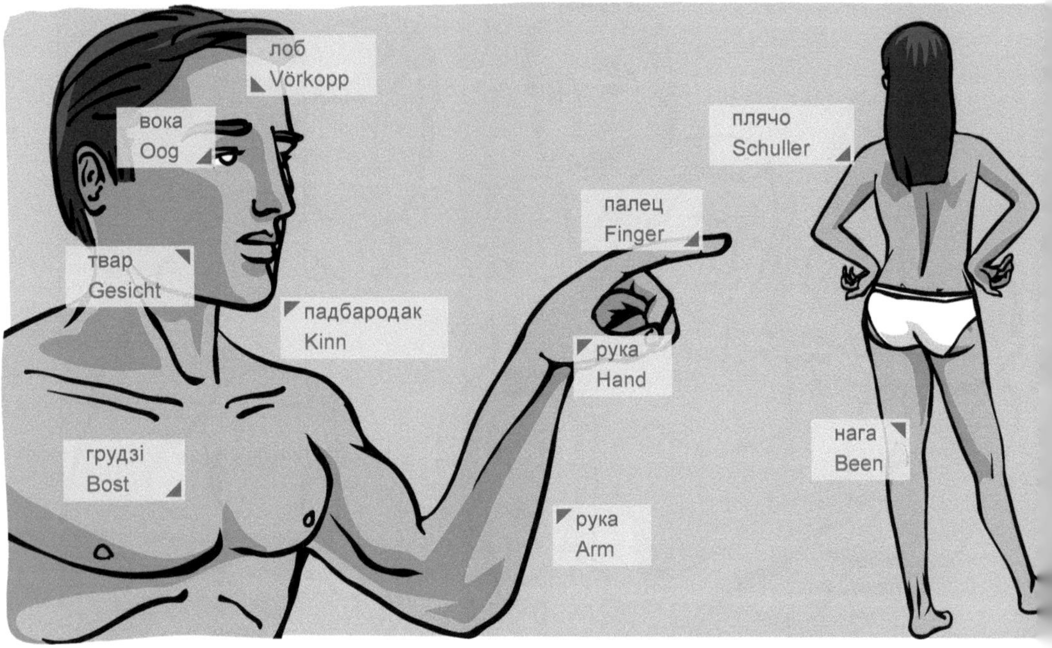

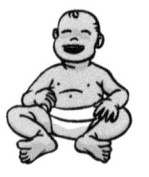

дзіця
Winnelkind

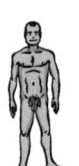

мужчына
Mann

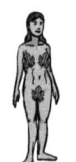

жанчына
Fro

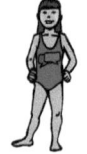

дзяўчынка
Deern

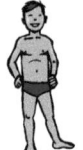

хлопчык
Jung

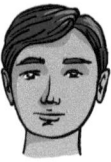

галава
Arm

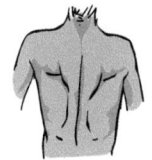

спіна

Rüch

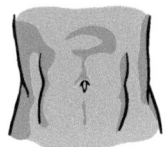

жывот

Buuk

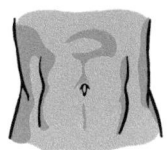

пуп

Navel

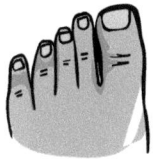

палец нагі

Teh

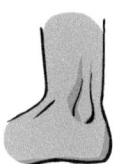

пятка

Hack

костка

Knaken

бядро

Hüft

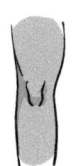

калена

Knee

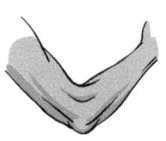

локаць

Ellbagen

нос

Nees

ягадзіца

Achtersen

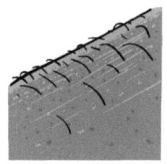

скура

Huut

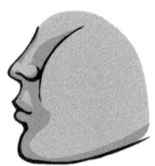

шчака

Back

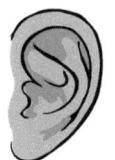

вуха

Ohr

губа

Lipp

цела - Lief

рот
Mund

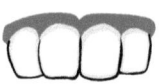

зуб
Tähn

язык
Tung

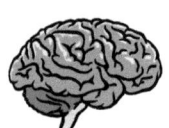

галаўны мозг
Bregen

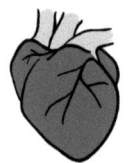

сэрца
Hart

мышца
Muskel

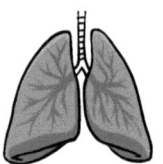

лёгкае
Lung

пячонка
Lever

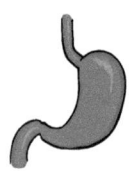

страўнік
Maag

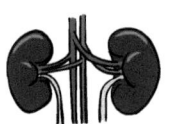

ныркі
Neren

сэкс
Bislaap

прэзерватыў
Kondoom

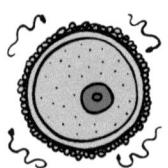

яйцаклетка
Eizell

сперма
Sperma

цяжарнасць
Anner Ümstänn

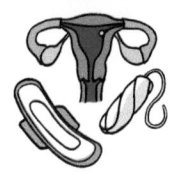

менструацыя

Menstruatschoon

похва

Scheed

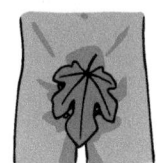

пеніс

Pint

брыво

Ogenbroe

валасы

Hoor

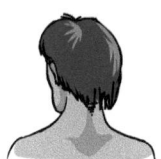

шыя

Hals

шпіталь

Krankenhuus

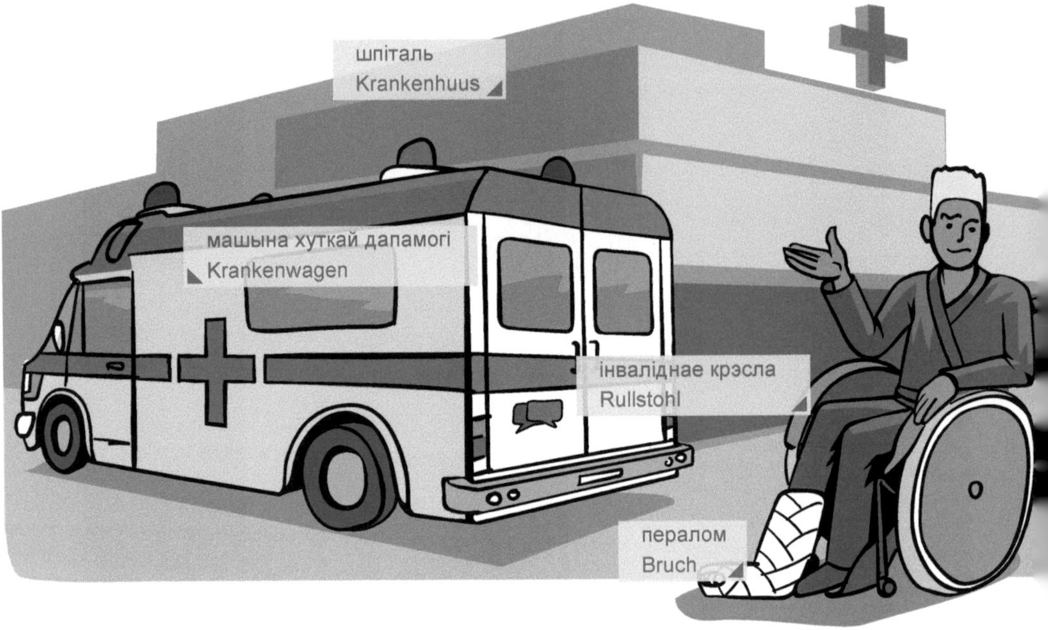

шпіталь
Krankenhuus
машына хуткай дапамогі
Krankenwagen
інваліднае крэсла
Rullstohl
пералом
Bruch

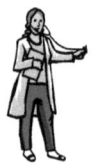

доктар

Dokter

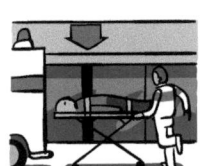

аддзяленне першай дапамогі

Nootopnahm

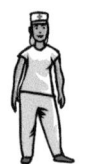

медсястра

Krankensüster

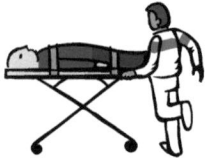

экстраная дапамога

Nootfall

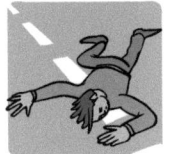

непрытомны

ahnmächtig

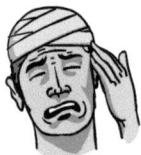

боль

Wehdaag

траўма

Verwunnen

крывацёк

Blöden

інфаркт

Hartinfarkt

апаплексія

Slaganfall

алергія

Allergie

кашаль

Hoosten

гарачка

Fever

грып

Gripp

панос

Dörchfall

галаўны боль

Koppwehdaag

рак

Kreeft

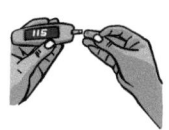

дыябет

Zuckersüük

хірург

Chirurg

скальпель

Chirurgsch Mess

аперацыя

Operatschoon

КТ

CT

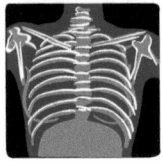

рэнтген

Dörchlüchten

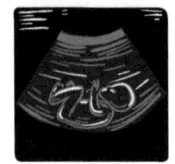

ультрагук

Ultraschall

маска

Mask

хвароба

Krankheit

пачакальня

Töövruum

мыліца

Krück

пластыр

Plaaster

бінт

Verband

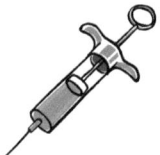

ін'екцыя

Insprütten

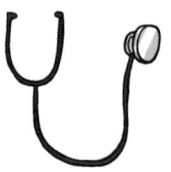

стэтаскоп

Stethoskop

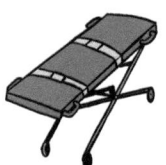

насілкі

Draag

градуснік

Feverthermometer

нараджэнне

Geboort

лішняя вага

Övergewicht

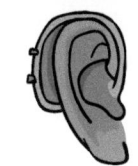

слухавы апарат

Höörapparat

дэзінфекцыйны сродак

Kiemfriemiddel

інфекцыя

Ansteken

вірус

Virus

ВІЧ/СНІД

HIV / AIDS

лекі

Heelmiddel

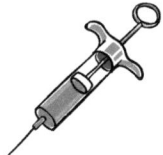

прышчэпка

Impen

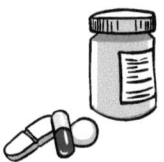

таблеткі

Tabletten

супрацьзачаткавая таблетка

Pill

экстраны выклік

Nootroop

танометр

Blootdruck-Meter

хворы / здаровы

krank / gesund

Ратуйце!

Hölp!

сігналізацыя

Alarm

напад

Överfall

атака

Angreep

небяспека

Gefohr

аварыйны выхад

Nootutgang

Пажар!

Füer!

вогнетушыцель

Füerlöscher

аварыя

Unfall

аптэчка

Noothölpkoffer

СОС

SOS

паліцыя

Polizei

Еўропа

Europa

Паўночная Амерыка

Noordamerika

Паўднёвая Амерыка

Süüdamerika

Афрыка

Afrika

Азія

Asien

Аўстралія

Australien

Атлантычны акіян

Atlantik

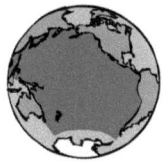

Ціхі акіян

Pazifik

Індыйскі акіян

Indisch Weltmeer

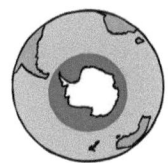

ўднёвы ледавіты акіян

Antarktisch Weltmeer

Паўночны ледавіты акіян

Arktisch Weltmeer

Паўночны полюс

Noordpol

Паўднёвы полюс
....
Süüdpol

Антарктыда
....
Antarktis

Зямля
....
Eerd

краіна
....
Land

мора
....
See

востраў
....
Eiland

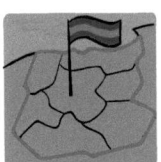

нацыя
....
Natschoon

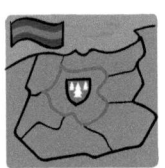

дзяржава
....
Staat

цыферблат

Tallenblatt

гадзінная стрэлка

Stunnenwieser

хвілінная стрэлка

Minutenwieser

секундная стрэлка

Sekunnenwieser

Колькі часу?

Wo laat is dat?

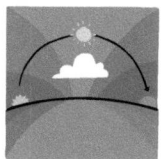

дзень

Dag

час

Tiet

зараз

nu

электронны гадзіннік

digetaalsch Klock

хвіліна

Minuut

гадзіна

Stunn

тыдзень
Week

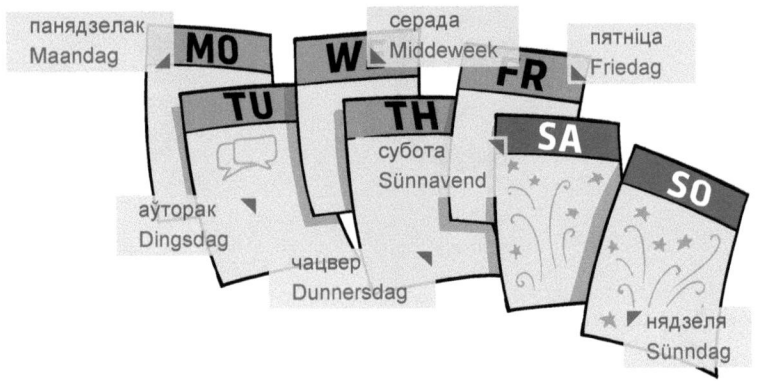

панядзелак
Maandag

серада
Middeweek

пятніца
Friedag

аўторак
Dingsdag

субота
Sünnavend

чацвер
Dunnersdag

нядзеля
Sünndag

ўчора

güstern

сёння

hüüt

заўтра

morgen

раніца

Morgen

абед

Meddag

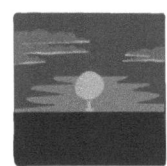

вечар

Avend

працоўныя дні

Arbeitsdaag

выхадныя

Wekenenn

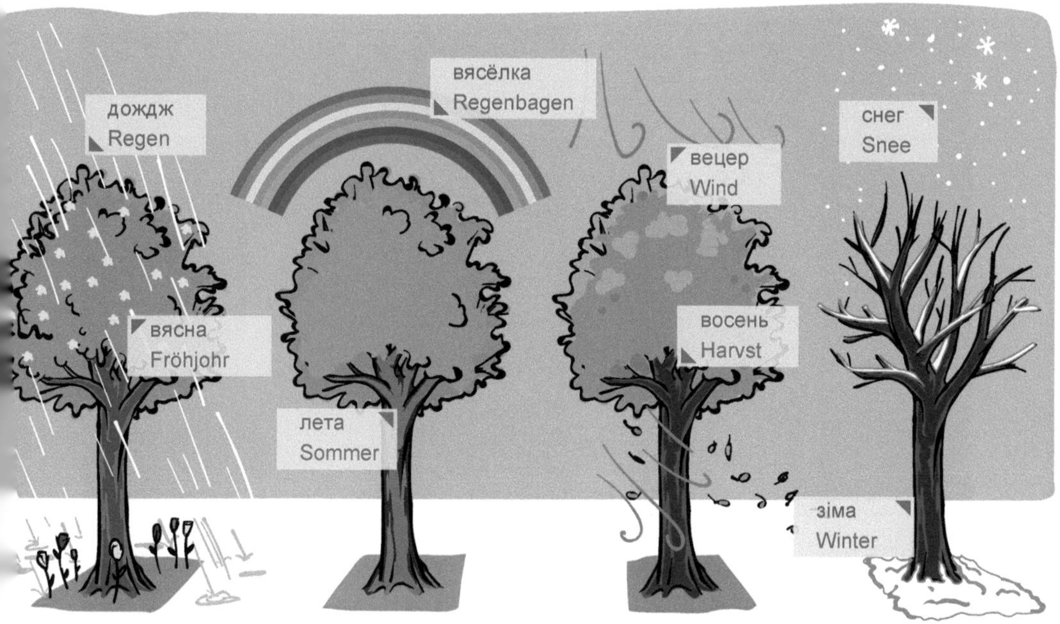

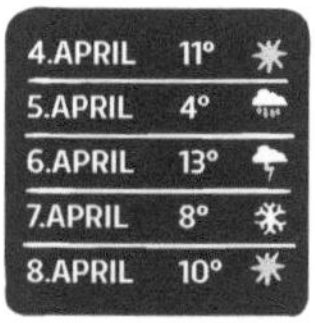

вясёлка
Regenbagen
дождж
Regen
снег
Snee
вецер
Wind
вясна
Fröhjohr
восень
Harvst
лета
Sommer
зіма
Winter

4.APRIL 11°
5.APRIL 4°
6.APRIL 13°
7.APRIL 8°
8.APRIL 10°

прагноз надвор'я

Wedervörhersaag

F C
120 40
90 30
60 20
30 10
0 0
-30 -10
-20

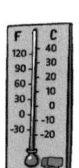

градуснік

Thermometer

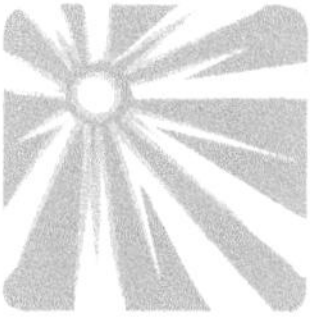

сонечнае святло

Sünnenschien

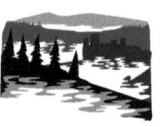

воблака

Wulk

туман

Nevel

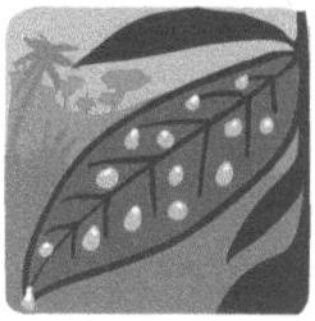

вільготнасць паветра

Luftfuchtigkeit

маланка

Blitz

гром

Dunner

бура

Storm

град

Hagel

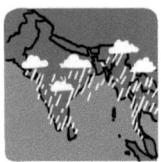

мусонны вецер

Monsun

прыліў

Floot

лёд

Ies

студзень

Januormaand

люты

Februormaand

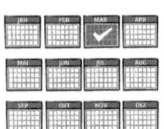

сакавік

Martmaand

красавік

Aprilmaand

май

Maimaand

чэрвень

Junimaand

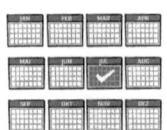

ліпень

Julimaand

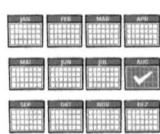

жнівень

Augustmaand

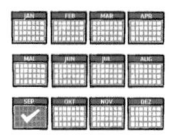

верасень
....
Septembermaand

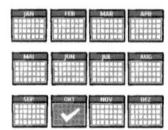

кастрычнік
....
Oktobermaand

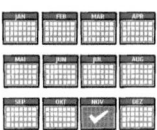

лістапад
....
Novembermaand

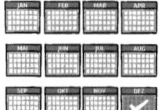

снежань
....
Dezembermaand

формы
Formen

круг
....
Krink

квадрат
....
Quadrat

прамавугольнік
....
Rechteck

трохвугольнік
....
Dreeeck

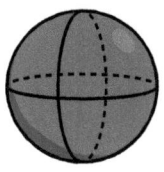

шар
....
Kugel

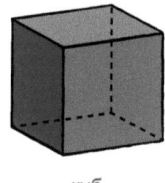

куб
....
Wörpel

белы

witt

жоўты

geel

аранжавы

orangsch

ружовы

pink

чырвоны

root

фіялетавы

lila

сіні

blau

зялёны

gröön

карычневы

bruun

шэры

gries

чорны

swart

шмат / мала

veel / wenig

злы / добры

böös / verdreeglich

прыгожы / брыдкі

smuck / mies

пачатак / канец

Begünn / Enn

высокі / малы

groot / lütt

светлы / цёмны

hell / düüster

сястра / брат

Broder / Süster

чысты / брудны

schier / schietig

поўны / няпоўны

kumpleet / nich kumpleet

дзень / ноч

Dag / Nacht

мёртвы / жывы

doot / lebennig

шырокі / вузкі

breet / small

ядомы / неядомы

geneetbor / nich geneetbor

злы / добры

böös / fründlich

узбуджаны / нудны

fickerig / langwielt

тоўсты / тонкі

dick / dünn

першы / апошні

toeerst / toletzt

сябар / вораг

Fründ / Fiend

поўны / пусты

vull / leddig

цвёрды / мяккі

hart / week

важкі / лёгкі

swoor / licht

голад / смага

Smacht / Döst

хворы / здаровы

krank / gesund

нелегальны / легальны

nich na't Recht / na't Recht

разумны / дурны

klook / dummerhaftig

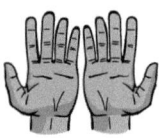

левы / правы

linkerhand / rechterhand

побач / далёка

neeg / feern

новы / былы ва ўжыванні
nieg / bruukt

нічога / нешта
nix / wat

стары / малады
oolt / jung

укл / выкл
an / ut

адчынены / зачынены
apen / slaten

ціхі / гучны
lies / luut

багаты / бедны
riek / arm

правільна / няправільна
richtig / verkehrt

шурпаты / гладкі
ruug / glatt

сумны / шчаслівы
trurig / glücklich

кароткі / доўгі
kort / lang

павольны / хуткі
suutje / flink

вільготны / сухі
natt / dröög

цёплы / халаднаваты
warm / köhl

вайна / мір
Krieg / Freden

0

нуль

null

1

адзін

een

2

два

twee

3

тры

dree

4

чатыры

veer

5

пяць

fief

6

шэсць

söss

7

сем

söven

8

восем

acht

9

дзевяць

negen

10

дзесяць

teihn

11

адзінаццаць

ölven

12
дванаццаць
twölf

13
трынаццаць
dörteihn

14
чатырнаццаць
veerteihn

15
пятнаццаць
föffteihn

16
шаснаццаць
sössteihn

17
сямнаццаць
söventeihn

18
васямнаццаць
achtteihn

19
дзевятнаццаць
negenteihn

20
дваццаць
twintig

100
сто
hunnert

1.000
тысяча
dusend

1.000.000
мільён
million

англійская
....
Engelsch

англійская (Амерыка)
....
Amerikaansch Engelsch

кітайская мандарынская
....
Chineesch Mandarin

хіндзі
....
Hindi

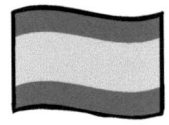

іспанская
....
Spaansch

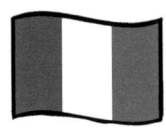

французская
....
Franzöösch

арабская
....
Araabsch

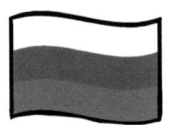

руская
....
Rusch

партугальская
....
Portugiesch

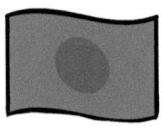

бенгальская
....
Bengaalsch

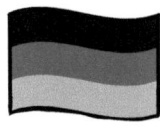

нямецкая
....
Düütsch

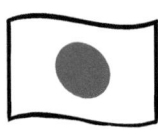

японская
....
Japaansch

я
ik

ты
du

ён / яна / яно
he / se / dat

мы
wi

вы
ji

яны
se

хто?
keen?

што?
wat?

як?
woans?

дзе?
woneem?

калі?
wannehr?

імя
Naam

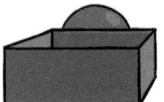

за
....
achter

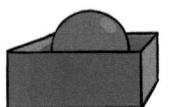

у
....
in

перад
....
vör

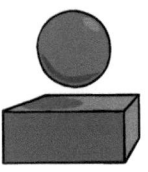

над
....
över

на
....
op

пад
....
ünner

каля
....
blangen

паміж
....
twüschen

месца
....
Oort